新时代
少先队员丛书

致敬红领巾

河南省少先队工作学会　编

文心出版社
·郑州·

图书在版编目（CIP）数据

致敬红领巾/河南省少先队工作学会编.—郑州：文心出版社，2021.9（2022.7重印）
（新时代少先队员丛书）
ISBN 978-7-5510-2355-9

Ⅰ.①致… Ⅱ.①河… Ⅲ.①中国少年先锋队-历史-少年读物 Ⅳ.① D432.51-49

中国版本图书馆 CIP 数据核字（2021）第 012659 号

主编：赵 剑 谭云格 方 楠

出 版	文心出版社出版发行	
	（地址：郑州市郑东新区祥盛街 27 号 邮政编码：450016）	
发 行	新华书店	
印 刷	保定市西城胶印有限公司	
版 次	2021 年 9 月第 1 版	
印 次	2022 年 7 月第 4 次印刷	
开 本	640 毫米 ×960 毫米 1/16	
印 张	7	
字 数	105 千字	
书 号	ISBN 978-7-5510-2355-9	
定 价	24.50 元	

如发现印装质量问题 请与印刷厂联系 电话：0312-7182726

目录

第一章 我爱红领巾

3 沐浴党的阳光

6 党和国家领导人的殷切期望

8 习爷爷对新时代少先队员的期望

12 学习贺信寄语 争做新时代好队员

第二章 红领巾的成长历程

22 成长历程大事记

23 时光轴上的红领巾成长印记

第三章 红领巾的成长足迹

43 红领巾相约中国梦

49　争做新时代好队员

54　集结在星星火炬旗帜下

59　动感中队

76　红领巾奖章

82　红领巾践行社会主义核心价值观

85　红领巾传承红色基因

88　红领巾手拉手

94　红领巾学雷锋

96　红领巾弘扬传统文化

99　红领巾夏（冬）令营

102　红领巾宅家"战"疫

第一章
我爱红领巾

第一章 我爱红领巾

沐浴党的阳光

（　　　　　）

（　　　　　）

（　　　　　）

亲爱的少先队员，你能准确说出上面旗帜的全称吗？如果可以，请写到括号里。

 致敬红领巾

队旗飘飘

五角星加火炬的红旗是中国少年先锋队（即少先队）队旗。五角星代表中国共产党的领导，火炬象征光明，红旗象征革命胜利。

红领巾飘扬

红领巾代表红旗的一角，是革命先烈的鲜血染成的。每个少先队员都应该佩戴它和爱护它，为它增添新的荣誉。

党以红旗的一角作为少先队的标志，就是要队员懂得今日的幸福生活来之不易，它是革命先辈用鲜血换来的；少先队员要学习先辈为真理而斗争的精神，继承先辈的事业，发扬光荣传统，为建设祖国，实现美好的理想而奋斗。新队员入队宣誓时，队组织要

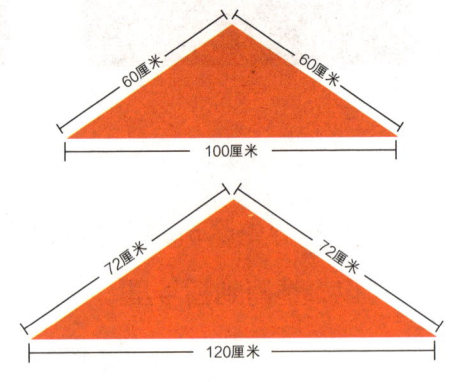

第一章 我爱红领巾

举行隆重的授红领巾仪式。队组织要教育队员珍爱红领巾，学会端庄地佩戴红领巾，保持红领巾的整洁，并用自己的行动，不断为红领巾增添光彩。

沐浴党的关怀

少年儿童是祖国的花朵，是民族的希望。

回顾新中国的发展历程，我们深深感受到，党和国家一直把少年儿童健康成长当作国家的根本大计，不断为少年儿童创造更好的成长条件和环境。

党的十八大以来，以习近平同志为核心的党中央高度重视中国少年先锋队建设，亲切关怀少年儿童健康成长，为新形势下我国少年儿童事业发展指明了方向。

深情的嘱托，实在的举措，如阳光照亮孩子们的梦想，如雨露滋润孩子们的心灵。在星星火炬的照耀下，在党的阳光沐浴下，各族少年儿童正在祖国大家庭中茁壮成长。

党和国家领导人的殷切期望

亲爱的党给我们温暖关怀,敬爱的党和国家领导人对我们寄予厚望,他们的殷切寄语,激励着一代代红领巾奋发向上!

毛泽东:

好好学习,天天向上

邓小平:

希望全国的小朋友,立志做有理想、有道德、有知识、有体力的人,立志为人民作贡献,为祖国作贡献,为人类作贡献。

第一章 我爱红领巾

> **江泽民：**
> 　　星星火炬、代代相传

> **胡锦涛：**
> 　　勤奋学习、快乐生活、全面发展

> **习近平：**
> 　　从小学习做人
> 　　从小学习立志
> 　　从小学习创造

如果把敬爱的中国共产党比作一轮无私奉献的太阳，我们少年儿童就是一朵朵含苞待放的花朵，在党的关怀呵护下茁壮成长，竞相开放。

这些寄语温暖、感动了我们，也是我们今后奋斗的源源不断的动力。习爷爷说："青少年要敢于有梦。"请写下你的新时代梦想，并努力去实现吧。

致敬红领巾

习爷爷对新时代少先队员的期望

在我们心中,习近平总书记是睿智博学的"大朋友",也是和蔼可亲的"习爷爷"。党的十八大以来,习爷爷连续两年参加少先队主题队日活动,同少先队员共度"六一"国际儿童节。少年宫、儿童福利院、灾区安置点、学校校园……都留下了习爷爷和我们少年儿童在一起亲切交谈的感人场景。

下面,让我们坐上"时光穿梭机",去寻找习爷爷和队员们在一起的温情瞬间。

青少年要敢于有梦。从《西游记》到凡尔纳科幻小说,飞船、潜艇今天不都有了吗?有梦想,还要脚踏实地,好好读书,才能梦想成真。

——2013年5月21日,习近平看望四川芦山地震灾区学生。

第一章 我爱红领巾

党和政府要始终关心各族少年儿童，努力为他们学习成长创造更好的条件。老师、家长要承担起教育引导少年儿童成长成才的责任。少先队组织要更好地为少年儿童服务。全社会都要关心少年儿童成长，支持少年儿童工作。对损害少年儿童权益、破坏少年儿童身心健康的言行，要坚决防止和依法打击。

——2013年5月29日，习近平在北京市少年宫参加"快乐童年 放飞希望"主题队日活动。

任何一个思想观念，要在全社会树立起来并长期发挥作用，就要从少年儿童抓起。

少年儿童是祖国的未来，是中华民族的希望。这就是《少年中国说》中所说的：少年智则国智，少年富则国富，少年强则国强，少年进步则国进步。新陈代谢是不可抗拒的历史规律，未来总是由今天的少年儿童开创的。去年"六一"时我说过，每个人都是从孩子长大的。实现我们的梦想，靠我们这一代，更靠下一代。少年儿童的心灵都是敏感的，准备接受一切

美好的东西。"自古英雄出少年。"为了中华民族的今天和明天,我们要教育引导广大少年儿童树立远大志向、培育美好心灵,让少年儿童成长得更好。

少年儿童如何培育和践行社会主义核心价值观呢?应该同成年人不一样,要适应少年儿童的年龄和特点。我看,主要是要做到记住要求、心有榜样、从小做起、接受帮助。

——2014年5月30日,习近平来到北京市海淀区民族小学,参加庆祝"六一"国际儿童节活动。

全国各族少年儿童从小学习做人、从小学习立志、从小学习创造,童年是人的一生中最宝贵的时期,在这个时期就注意树立正确的人生目标,培养好思想、好品行、好习惯,今天做祖国的好儿童,明天做祖国的建设者,美好的生活属于你们,美丽的中国梦属于你们。

——2015年6月1日,习近平在北京人民大会堂亲切会见中国少年先锋队第七次全国代表大会全体代表。

第一章 我爱红领巾

队员们，习爷爷来信了

希望你们向爷爷奶奶学习，热爱党、热爱祖国、热爱人民，努力成长为有知识、有品德、有作为的新一代建设者，准备着为实现中华民族伟大复兴的中国梦贡献力量。

——2016年5月30日，习近平给大陈岛老垦荒队员的后代、浙江省台州市椒江区12名小学生回信，祝他们节日快乐，祝全国小朋友节日快乐。

希望你们多了解中国革命、建设、改革的历史知识，多向英雄模范人物学习，热爱党、热爱祖国、热爱人民，用实际行动把红色基因一代代传下去。

——2018年5月30日，在"六一"国际儿童节来临之际，习近平给陕西照金北梁红军小学的学生回信。

致敬红领巾

学习贺信寄语　争做新时代好队员

习近平总书记致中国少年先锋队建队70周年的贺信

值此中国少年先锋队建队70周年之际，我代表党中央，向全国亿万少先队员，向为党的少年儿童事业辛勤工作的广大少先队辅导员和少先队工作者，表示热烈的祝贺和诚挚的问候！

70年来，在党的领导下，少先队坚持组织教育、自主教育、实践教育相统一，为党和人民事业薪火相传作出重要贡献。

少先队应该是少年儿童学习中国特色社会主义和共产主义的学校，应该是建设社会主义和共产主义的预备队。新时代少先队员要热爱祖国，热爱人民，热爱中国共产党，树立远大理想，培养优良品德，勤奋学习知识，锻炼强健体魄，培养劳动精神，从小学先锋、长大做先锋，努力成长为能够担当民族复兴大任的时代新人！

全党全社会要重视少先队工作。各级党委和政府要加强领导和保障，为少先队员健康成长和少先队事业发展创造条件。共青团要履行好全团带队职责，团结带领少先队牢记初心使命，始终听党的话、跟党走，让红领巾更加鲜艳！

习近平
2019年10月13日

习近平致中国少年先锋队第八次全国代表大会的贺信

值此中国少年先锋队第八次全国代表大会召开之际，我代表党中央，向大会的召开表示热烈的祝贺！向广大少先队员、少先队辅导员、少先队工作者致以诚挚的问候！

少先队是建设社会主义和共产主义的预备队。广大少先队员在少先队这所大学校里立志向、修品行、练本领，从小培养热爱党、热爱祖国、热爱人民的情怀，展现出朝气蓬勃的精神风貌。新时代，少先队要高举队旗跟党走，传承红色基因，培育时代新人，团结、教育、引领广大少先队员做共产主义事业接班人，为坚持和发展中国特色社会主义、实现中华民族伟大复兴的中国梦时刻准备着。各级党委要加强对少先队工作的领导，各级政府及全社会要加强对少先队工作的支持，为新时代少年儿童茁壮成长提供有利条件。共青团要带领少先队履职尽责、奋发有为，为红领巾增添新时代的光荣。

习近平
2020年7月23日

第一章 我爱红领巾

2019年是中国少年先锋队建队70周年,习近平总书记在百忙之中多次对少年儿童和少先队工作作出重要指示,频率之高前所未有,关怀之重前所未有,期望之深前所未有。

习爷爷关心我们的成长,我们少先队员也要把习爷爷对我们的寄语牢记于心,高举队旗跟党走,争做新时代好队员,为实现中华民族伟大复兴的中国梦时刻准备着!

心有榜样,就是要学习英雄人物、先进人物、美好事物,在学习中养成好的思想品德追求。我国历史上有很多少年英雄的故事,在中国共产党领导人民进行的革命、建设、改革事业中也涌现了大批少年英雄,他们中不少人的名字同学们可能都听说过。

——2014年5月30日,习近平总书记在北京市海淀区民族小学主持召开座谈会时的讲话

要从小学习创造。幸福不是毛毛雨,幸福不是免费午餐,幸福不会从天而降。人世间的一切成就、一切幸福都源于劳动和创造。时代总是不断发展的,等你们长大了,生活将发生巨大变化,科技也会取得巨大进步,需要你们用新理念、新知识、新本领去适应和创造新生活,这样一个民族、人类进步才能生生不息。从现在起,你们就要争当勤奋学习、自觉劳动、勇于创造的小标兵。

——2015年6月1日,习近平总书记在会见中国少年先锋队第七次全国代表大会代表时的讲话

第一章 我爱红领巾

2016

希望你们保持对知识的渴望，保持对探索的兴趣，培育科学精神，刻苦学习，努力实践，带动更多青少年讲科学、爱科学、学科学、用科学，努力成长为祖国的栋梁之材，将来更好为实现中华民族伟大复兴的中国梦贡献力量。

——2016年12月24日，习近平总书记给北京市八一学校科普小卫星研制团队学生的回信

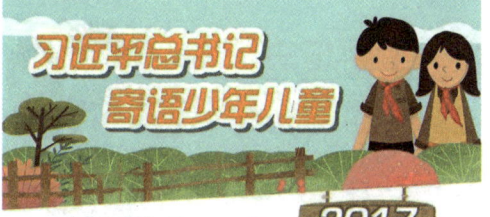

2017

希望同学们从小树立保护环境、爱绿护绿的意识，既要懂道理，又要做道理的实践者，积极培育劳动意识和劳动能力，用自己的双手为祖国播种绿色，美化我们共同生活的世界。

——2017年3月29日，习近平总书记在参加首都义务植树活动时的讲话

致敬红领巾

你们说,今天的幸福生活来之不易,这话讲得很好。希望你们怀着一颗感恩的心,珍惜时光,努力学习,将来做对国家、对人民、对社会有用的人。

——2018年5月30日,习近平总书记给陕西照金北梁红军小学学生的回信

新时代少先队员要热爱祖国、热爱人民、热爱中国共产党,树立远大理想,培养优良品德,勤奋学习知识,锻炼强健体魄,培养劳动精神,从小学先锋、长大做先锋,努力成长为能够担当民族复兴大任的时代新人!

——2019年10月13日,习近平总书记致信祝贺中国少年先锋队建队70周年

第一章 我爱红领巾

 队员们，你们知道吗？

学习了贺信和寄语内容，我们深深感受到习爷爷的谆谆教诲和殷切期望。亲爱的少先队员，你不仅是收信人，更是践行者，希望你牢记习爷爷的教导，让红领巾因为你而更加鲜艳。

第二章

红领巾的成长历程

第二章 红领巾的成长历程

在历史的长河中,浪花朵朵,一艘航船从南湖驶来,劈波斩浪,将一个古老的旧中国解救于水火,将一个崭新的世界开拓。

中国共产党是中国少年先锋队的创立者和领导者。中国共产党委托中国共产主义青年团直接领导中国少年先锋队。

鲜艳的红领巾在胸前迎风飘扬,我们自信、挺拔地敬着队礼,这些鲜活的少先队符号,让我们热血沸腾,诚实、勇敢、活泼、团结的少先队作风让一代代少先队员时刻铭记。"我们是共产主义接班人,继承革命先辈的光荣传统……"当少先队队歌在耳边响起时,我们仿佛又回到了那个光荣的年代……

成长历程大事记

1949年10月13日,团中央决定建立全国统一的中国少年儿童队。

1953年8月21日,改名为中国少年先锋队。

1978年10月,共青团十届一中全会通过关于恢复中国少年先锋队名称的决定。

第二章 红领巾的成长历程

时光轴上的红领巾成长印记

劳动童子团 1924—1927

共产主义儿童团 1927—1937

抗日儿童团 1937—1945

儿童团和地下少先队 1946—1949

中国少年先锋队 1949 年至今

致敬红领巾

劳动童子团
1924—1927

　　劳动童子团是中国最早的革命儿童组织。它是第一次国内革命战争时期，由中国共产党在上海、广州、武汉、天津、唐山等城市建立起来的。它的主要成员是工人、农民子弟，工厂的童工、商店的学徒，也有小学生和城市贫苦儿童。他们的任务：学习文化，学习政治和进行操练。其标志是系一条红领带；团礼是五指并拢，举至平额；口号是："准备着，打倒帝国主义！""准备着，打倒军阀！""准备着，做全世界的小主人！"

　　二十世纪二三十年代的中国是一个半殖民地半封建社会的国家，内忧外患，人民过着穷困不堪的生活，大部分少年儿童连饭都吃不饱，更不要说上学了。他们小小年纪就去种地、做工，或者给有钱人当奴仆，过着非人的生活。1924年，中国共产党和中国国民党合作，进行反帝反封建的国民革命运动，又称"大革命"。在领导工农大众闹革命

第二章 红领巾的成长历程

的同时，中国共产党在武汉、上海、天津、唐山等许多地方建立了劳动童子团，吸收了大批童工、学徒、贫苦儿童和小学生。

为了反对帝国主义的压迫，在我们党领导上海工人罢工时，劳动童子团的团员们纷纷上街募捐，积极支持罢工斗争。

共青团受党的委托领导劳动童子团的工作。1926年，共青团第三次扩大会议上所作的决议中明确规定：教育儿童，养成他们勇敢牺牲的精神和团体生活的习惯，训练他们将来成为继续革命的战士，是共青团的重要使命。在共青团的直接领导下，劳动童子团发展得很快，取得了很大的成绩。在城市，劳动童子团的成员们跟随父兄参加反抗资本家剥削工人的罢工斗争，参加反对帝国主义和军阀的示威斗争。在乡村，劳动童子团在斗土豪、查赌博、破迷信等活动中发挥了积极作用。

正当劳动童子团蓬勃发展时，1927年，背叛了革命的蒋介石发动了血腥的四一二反革命政变，大批革命志士、共产党人惨遭杀害，革命遭到极大破坏，劳动童子团的发展也被迫转入低潮。

少年英雄　朱长林

朱长林，籍贯不详，上海祥生船厂的劳动童子团团员。1927年2月，北伐军占领杭州逼近上海，上海工人决定举行第二次武装起义。为了宣传工人罢工和武装起义的重大意义，朱长林和小伙伴们在英美烟厂门口贴标语、散发宣传单和演讲宣传，不幸被捕。在敌人严刑拷打下他没有透露半点党的机密，被敌人杀害并悬头示众。朱长林是我党领导的革命斗争史上，有文字记载的第一位少年英雄。

少年英雄　罗志群、邓金娣

罗志群、邓金娣，女，劳动童子团团员，北伐战争时期的小英雄。1927年4月12日，蒋介石背叛革命，许多共产党人遭逮捕和杀害。面对白色恐怖的环境，罗志群和邓金娣临危不惧，在与组织失去联系的情况下，仍不忘自己的革命重任，继续做宣传工作，揭露敌人的罪行，唤醒民众。她们买来纸笔，书写标语，把传单藏进藤篮，偷偷四处散发，在艰苦的环境中鼓舞了人民的革命斗志。一次，她们在广州市中心散发传单时不幸被捕，在赴刑场的路上，

第二章 红领巾的成长历程

她们视死如归，沿途不断向群众宣传革命，高喊口号。反动军警疯狂地向她们开枪，她俩中弹倒下又站起来高喊"中国共产党万岁"，最终，她们为革命献出了年轻的生命。

致敬红领巾

共产主义儿童团
1927—1937

共产主义儿童团是土地革命战争时期，中国共产党委托共产主义青年团领导的革命根据地儿童组织。其宗旨是把儿童培养成继承革命事业的新一代。8—14岁的男女儿童均可加入。其以红领带为标志；口号是"准备着，时刻准备着！"礼仪是右手五指并拢，高举头上；组织原则是民主集中制。基层称村团部委员会，其下酌设小组或小队。其上级为各级儿童代表大会选举产生的乡、区、县、省团部委员会。共产主义儿童团对儿童进行共产主义教育，组织他们参加力所能及的革命斗争。

共产主义儿童团的工作特别活跃，团员们都积极参与打土豪、分田地的斗争，他们写标语、到集市上去讲演、揭露土豪劣绅的罪行，鼓动群众起来革命和保卫革命根据地。

《共产主义儿童团团歌》在革命战争年代激励了一代少

年儿童的成长。歌曲的曲调源于二胡独奏曲《春诗》作者钟义良于1957年在中央广播民乐团任演奏和作曲期间，应中央人民广播电台少儿部之邀为一个儿童广播表演节目而定的开场曲《小天天》，是经广播民乐团部分成员参加演奏和曲作者亲自指挥排练录音的广播音乐，具有奥地利梯罗耳族民歌的风格。

1957年，长春电影制片厂根据共产主义儿童团的故事拍摄了影片《红孩子》，再现了江西革命根据地的少年儿童与白匪作斗争的光荣岁月，《共产主义儿童团团歌》作为影片主题歌传遍了中国大地。中国少年先锋队的呼号"准备着，为共产主义事业而奋斗！""时刻准备着！"就来源于这首歌。

共产主义儿童团团歌

革命历史歌曲

1=F 4/4 ♩=120

少年英雄　张锦辉

张锦辉（1915—1930），女，福建省永定县人，共产主义儿童团员，宣传革命的红色小歌手。她13岁参加了共产主义儿童团，打土豪分田地，站岗放哨，给红军家属干活，样样都很出色。第二年，她参加了溪南区苏维埃政府领导的宣传队，用歌声唱出穷人的仇、地主的狠，用歌声告诉乡亲红军和赤卫队打胜仗的消息。1930年，她在一次群众大会上遭到敌人偷袭，不幸被捕，受尽了各种酷刑，仍然坚强不屈。敌人把她押到集市示众，她毫不畏惧，毅然高声唱道："共产党万年坐天下，反动派总是不久长。"敌人要对她下杀手，她仍高唱《国际歌》，高呼"中国共产党万岁"。15岁的张锦辉光荣牺牲了。

少年英雄　欧阳立安

欧阳立安（1914—1931），湖南省长沙市人。他的父母都是共产党员，从小受到了革命思想的熏陶。1926年北伐军打到长沙时，12岁的欧阳立安担任了儿童第一纠察队队长，带领队员们在大街小巷巡逻放哨，维护社会秩序，散

第二章 红领巾的成长历程

发革命传单，募捐救济灾民等，工作特别积极。1927年，由于革命形势的变化，经组织安排，欧阳立安随母亲到了武汉，担任汉阳县委的小交通员，肩负着党的机密文件和秘密报纸《大江报》的传递工作。1928年，根据组织需要，欧阳立安到上海申新五厂当童工，同时还在浦东、沪西、闸北、南市一带的纱厂和烟厂之间传递文件、散发传单。他工作认真积极，15岁便加入了共青团并担任了共青团沪东区委委员，专门负责儿童团工作。1930年"五一"国际劳动节，欧阳立安带领500名儿童，参加了沪东区委举行的纪念集会，他在集会上发表演说，演唱了自己编写的《劳动儿童团歌》。不久，欧阳立安加入中国共产党。1930年8月，他作为中国工会代表团的青年代表随刘少奇同志参加了在莫斯科召开的赤色职工国际第五次代表大会。接着，他又在莫斯科参加了"少共"国际执委会扩大会议。回国后，欧阳立安担任了上海总工会的青工部长，时年仅16岁。1931年1月，欧阳立安不幸被捕，在监狱中他表现得十分坚强，同年4月，被反动派杀害，英勇就义。

抗日儿童团
1937—1945

　　抗日儿童团是在抗日战争时期，中国共产党领导的抗日根据地少年儿童组织。青年抗日救国联合会、中华民族抗日先锋队等青年组织，受党的委托，直接领导抗日儿童团及其他儿童组织的工作。抗日儿童团的成立不仅给孩子们的生活带去了乐趣和希望，同时也壮大了抗日队伍的力量，为抗战胜利作出了巨大的贡献，培养了一大批优秀的革命接班人。

　　1938年10月，西北青救会第二次代表大会通过了抗日儿童团的组织章程。团章规定建立儿童团的宗旨是：1.联合全（西北和华北）中国的小兄弟小姊妹结成好朋友；2.大家共同学习、工作和游戏；3.参加救国工作，7岁以上14岁以下的儿童少年都可参加。它的任务是：1.宣传大家打日本；2.侦察敌情捉汉奸；3.站岗放哨送书信；4.尊敬抗战官和兵；5.帮助抗属来做事；6.学习生产不稍停。它

第二章 红领巾的成长历程

的礼节为右手五指齐额举起。口号是:"时刻准备着!"西北和华北各地的儿童们纷纷加入儿童团,积极参加抗日救国斗争。

抗日儿童团在斗争中不断发展壮大。1940年,陕甘宁边区有7万儿童团员,苏北解放区有18万儿童团员,华北抗日根据地有60万儿童团员。在其他广大抗日根据地,也同样活跃着千千万万的儿童团员,他们是团结广大少年儿童参加抗日的核心。儿童团的组织建设方面,也逐渐趋于完善。许多根据地都制定了团章。例如:《西北抗日儿童团组织章程》(1938年)、《晋西抗日儿童团组织简章》(1940年)、《盐阜区儿童团团章》(1943年)、《山东莱阳县儿童团团章》(1944年)等。

抗日儿童团在抗日斗争中作出了巨大贡献。如:王家峪儿童团在百团大战期间,帮助八路军割草喂马,为前线送干粮;晋察冀边区儿童团破坏日军的交通干线近百次,牵制了敌人的进攻和扫荡,有力地支援了抗战。

少年英雄　姜墨林

姜墨林（1921—1940），出生于吉林省宁安县（今黑龙江省宁安市），1932年刚满11岁就参加了共产主义儿童团。由于他大胆机灵，领导经常派他到部队上去送信。不管情况多么复杂，他总能顺利完成任务。1935年春天，组织上把他送到部队。不久，姜墨林加入了中国共产主义青年团。由于部队迅速扩大，领导决定让他当小队长。队里的20多个战士都比他大，可是，因为他打仗时表现出色，平时又特别关心战友，所以大家都很佩服他。1937年冬天，为了解决部队冬装问题，指挥部派姜墨林小队到日军占领的依兰县城去购买棉花和布匹。姜墨林换了一身破衣服装出傻里傻气的样子通过了敌人的哨卡，进了县城。在地下党组织的动员下，城里的群众不分老少，一起行动，你买点，他买点，然后巧妙地带出城去，送到指定地点。几天工夫，就汇集了上千斤棉花、一百多匹布。在回营地的路上虽然遇上了敌人的追击，但姜墨林沉着应战，巧妙指挥，小分队终于把布匹和棉花安全地送到了营地，首长称赞他创造了一个奇迹。1938年组织上派他去苏联学习，回国后他率小部队活跃在绥芬河大青山一带战斗。1940年秋,他在一次战斗中不幸牺牲。

少年英雄　王朴

　　王朴(1929—1943),男,河北省完县人,抗日时期的儿童团团长,抗日民族小英雄。他从小参加抗日斗争,站岗放哨,送信带路,拥军优属,11岁时被选为儿童团团长。1943年5月7日,日本鬼子进山扫荡,他和乡亲们被包围,鬼子威逼群众说出八路军的机器、枪弹埋在什么地方,还说:"谁说出来有重赏。"王朴放声高喊:"爷爷、奶奶、婶娘、大娘、儿童团团员们,咱们宁死也不当亡国奴,千万不能告诉敌人。"并带领儿童团团员们背诵起"抗日公约"。当敌人把刀架在他的脖子上时,他带头喊"打倒日本帝国主义!"。最后,他和100多名群众英勇地牺牲了。

儿童团
和地下少先队
1946—1949

三年解放战争时期，我国革命儿童的组织，在抗日儿童团的基础上，又有了很大的发展，不仅在解放区建立了儿童团，而且战斗在敌人心脏里的地下党组织还在上海等大城市里，建立了地下少先队。儿童团和地下少先队成员都为新中国的诞生，作出了不小的贡献。

儿童团是指全国解放前中国共产党在革命根据地建立的少年儿童组织。解放区的儿童团，在学好文化科学知识的同时，还组织了救护、运输、通讯等小组，积极地参加支援前线活动，为解放新中国贡献了自己的力量。

凡是愿意为党、为人民贡献自己力量的少年儿童都可以加入儿童团，担负站岗、放哨、送信等任务。一般以村为单位建立，受党支部或共青团、妇联的领导，刘胡兰就曾是妇联的干部。儿童团团长由儿童选举产生。刘胡兰和雷锋都曾经加入过儿童团。每位儿童团团员都随时准备为革命献身。他们靠着自己的聪明机智帮了八路军不少忙。

刘胡兰　生的伟大死的光荣

刘胡兰（1932—1947），山西省文水县云周西村人。抗日战争时期，刘胡兰参加了儿童团。抗战胜利后，14岁的刘胡兰担任了村妇女救国会的秘书和区妇女救国会干事，她在村子里办学校，教妇女识字，组织妇女给八路军做军鞋，护理八路军伤员，样样工作干得都很出色。1946年夏，组织上批准她为中国共产党候补党员。1946年9月，由于山西的革命形势十分严峻，凡是身份公开的干部，都分批转移到了山里，刘胡兰主动提出留下来工作。1947年1月12日，国民党反动派阎锡山的"复仇队"进了村，把刘胡兰和全村的男女老幼都赶到了村头大庙前的广场上。由于叛徒的出卖，刘胡兰被敌人认了出来。敌人逼问刘胡兰说出八路军和村干部的情况，刘胡兰的回答只有三个字："不知道！"敌人要刘胡兰投降，刘胡兰却坚定地回答："宁死也不投降！"最后英勇就义，时年15岁。1947年8月1日，中共中央晋绥分局追认刘胡兰为中共正式党员。

中国少年先锋队
1949年至今

1949年10月13日,中国少年儿童队正式成立,1953年改名为"中国少年先锋队"。

"中国少年先锋号"飞机的来历

故事发生在1951年,一位志愿军战士来到了江苏省姜堰市姜堰小学,给孩子们作报告。听了战士们在战场上的英勇表现,同学们深受鼓舞。

第二章 红领巾的成长历程

但是更加让他们揪心的是英雄叔叔说的两句话：一句是"我们的武器装备比敌人要落后很多"，另一句是"全国人民每支援我们一件先进武器，我们的战士就可以少流一次血"。听了志愿军战士的报告，全校的孩子立刻踊跃捐款，大家纷纷拿出了自己积攒的零花钱，你100元，他500元（那时候100元相当于现在的1分钱）。

1951年6月4日，来自姜堰小学的一份倡议书在全国广播："全国各小学亲爱的小朋友们：为了响应中国人民抗美援朝总会关于开展捐献飞机大炮运动的号召，支援志愿军伯伯，早日打败美国狼，我校全体同学经过详细讨论后，大家决定自愿节省糖果钱，用来购买飞机。六月份，我们保证首先捐献十万元。本年内保证捐献五十万元。我们想，全国有千千万万的小朋友，只要大家共同行动起来，积少成多，一定可以购买好多架飞机……"

6月9日，这份倡议书被《人民日报》全文刊登，得到了全国少先队员的踊跃支持。很快，全国的少先队员都投入到这次"用糖果换飞机"的运动中。为了捐赠飞机，好多孩子捐出了自己的镯子、银锁。而且根据当事人回忆，其实"糖果换飞机"的口号并不实际，因为对于当时的孩子来说，糖果是非常稀有的奢侈品，根本没有多少人吃过糖果。好多孩子捐献出的，是自己的生活费。而且孩子们

致敬红领巾

也学会了积极创收:"麦田里的麦穗,池塘里的鱼和虾,垃圾堆里的废铜烂铁,山里的野果,都被孩子们历经艰辛找来换成钱,捐赠出去为志愿军叔叔买飞机了。"

最后,全国少年儿童用自己的力量,终于为志愿军换回了一架珍贵的战斗机,它被命名为"中国少年先锋号"。

第三章
红领巾的成长足迹

第三章 红领巾的成长足迹

红领巾相约中国梦

2013年4月22日,全国少工委发出通知,决定在少年儿童中广泛开展"红领巾相约中国梦"活动,运用正面教育、实践体验、社会观察等方式,增进少年儿童对"中国梦"的理解、认同和情感,教育引导广大少年儿童志存高远、增长知识、锤炼意志,为实现"中国梦"做好全面准备。

通知指出,要把"中国梦"教育作为少先队活动课程的核心内容,开展好经常性活动,抓住重要时间节点开展好集中性活动。

什么是"红领巾相约中国梦"主题教育活动呢?

习近平总书记代表党中央提出了实现中华民族伟大复兴的"中国梦"。

"中国梦"是人民的梦,每个中国人都是"梦之队"的一员。

致敬红领巾

  每个人都有理想和追求，都有自己的梦想。现在，大家都在讨论中国梦，我以为，实现中华民族伟大复兴，就是中华民族近代以来最伟大的梦想。这个梦想，凝聚了几代中国人的夙愿，体现了中华民族和中国人民的整体利益，是每一个中华儿女的共同期盼。

——习近平

  2016年6月1日，为庆祝第67个国际儿童节，由河南团省委、省妇联、省教育厅、省少工委联合举办的以"红领巾相约中国梦——精准扶贫手拉手 共同唱响'十三五'"为主题的省会少先队庆"六一"主题队日活动在郑东新区实验小学举行。河南省委副书记邓凯一行参加主题队日活动，与小朋友们一起欢度"六一"。

  活动共分两个部分进行，一是红领巾小社团及少先队活动课展示，二是少先队"红领巾相约中国梦——精准扶贫手拉手，共同唱响'十三五'"联合队会。

  在少先队活动课展示中，队员们通过游戏、故事会、才艺展示等多种方式，展现自己眼中的"十三五"。活泼的动作配以轻快的音乐，把"创新、协调、绿色、开放、共享"的发展理念演示得生动形象、浅显易懂。邓凯一行认真观看,称赞活动有特色、有意义。

在"红领巾小社团"的展示现场,少先队员们通过轮滑、足球、软式垒球、航拍等动态活动展示少年风采;在书法、纸雕、陶艺、芽苗菜种植等室内社团活动中,少先队员们与他们在农村贫困地区结对的小伙伴们,一

轮滑小社团表演

绘画小社团表演

致敬红领巾

对一、手拉手共同制作完成一个个作品。邓凯饶有兴致地观看并与小朋友们亲切交流，详细了解他们的学习、生活情况，勉励他们树立远大理想，培养善于动手的能力、专注做事的精神，努力成为国家的有用之才。在少先队员们现场书写的"红领巾相约中国梦"百米主题画卷前，邓凯一行高兴地与小朋友们合影留念。

"红领巾相约中国梦——精准扶贫手拉手　共同唱响'十三五'"联合队会以"精准扶贫手拉手"为主线，分成精准扶贫手拉手之畅想篇、实践篇、奋进篇。少先队员代表通过三次现场微发布以及原创歌舞《"十三五"之歌》、嘉宾访谈、情景剧《我的小五年计划》、诗歌朗诵

《共筑美丽中国梦》、大合唱《红领巾相约中国梦》等方式，表达了他们眼中的小康社会、"十三五"规划和脱贫攻坚行动，进一步增强了内心的责任感和使命感，与贫困地区少先队员精准手拉手，一起相约中国梦、实现小康梦。

最后，邓凯一行向队员们赠送礼物，并为优秀少先队员颁发雏鹰奖章。邓凯指出，"红领巾相约中国梦"主题队日活动，主题重大，意义深远，通过新颖活泼的形式，全面展示了河南省少先队员在祖国大家庭里勤奋学习、快乐生活、全面发展、相互帮助的良好精神面貌，培养和增强了少先队员为实现中国梦做好全面准备的认同感、责任感和使命感。

致敬红领巾

看到大家如此关心和爱护我们的成长,我顿时感到责任感和使命感更强了。

是啊,让我们快快行动起来吧。队员们,你们的"中国梦"是什么?快来和大家一起分享一下吧!

第三章 红领巾的成长足迹

争做新时代好队员

2018年4月10日,全国少工委印发通知,为深入学习宣传贯彻党的十九大精神,帮助广大少先队员牢记习近平总书记的教导,努力成长为担当民族复兴大任的时代新人,从今年4月起,在全队持续深入开展"争做新时代好队员"主题活动。

活动重在帮助少年儿童感知新时代,培养少年儿童对党、对领袖的真挚情感。活动面向全体少先队员,充分照顾差异性,努力启发自主性,鼓励少先队组织自主实践。活动突出实效性,运用符合少年儿童认知特点的载体和方式,努力让每名少先队员得到教益。

活动安排

1. "你好,新时代"红领巾寻访活动。
2. "我讲习爷爷的故事"故事汇活动。
3. "新时代好队员"标准大讨论活动。
4. "好队员在行动"实践体验活动。
5. "我身边的好榜样"图文征集活动。

致敬红领巾

"争做新时代好队员"主题队日活动

2018年10月12日,河南省纪念少先队建队69周年"争做新时代好队员——集结在星星火炬旗帜下"主题队日活动在郑州市惠济区实验小学举行。团省委副书记王笃波出席活动并讲话。

王笃波代表团省委、省少工委向全省少先队员和少先队辅导员致以节日的祝贺,并提出三点希望:一是希望广大少先队员从小立大志、有梦想,坚持刻苦学习,人人都为学校争光彩,为集体作贡献,德智体美劳全面发展,争做新时代好队员;二是希望广大少先队辅导员加强政治理论学习,不断提高政治站位,加强业务学习,

少先队礼仪风采展示

第三章 红领巾的成长足迹

红领巾小社团展示

不断增强工作本领,落实好少先队改革任务;三是希望基层少先队组织加强自身建设,彰显少先队思想引导和政治启蒙的独特价值,为党培养担当民族复兴大任的时代新人。

活动中,王笃波一行与在场的少先队员和少先队辅导员亲切交流,一起观看了少先队礼仪风采展示、红领巾小社团展示、《红领巾的含义》视频短片、少先队礼仪动感操等,并为河南省少先队礼仪风采展示活动的获奖选手和单位颁奖。

其中,惠济区实验小学的大队辅导员李向辉、惠济区香山小学大队辅导员阎鑫、惠济区艺术小学大队辅导员王帅和惠济区实验小学的12名少先队员作为郑州代表队参

致敬红领巾

加了本届少先队礼仪风采展示活动,在少先队基础知识笔试、现场抽题问答、少先队礼仪展示和中队风采展示中取得了可喜的成绩。同时,全省很多学校师生观摩了惠济区实验小学的少先队礼仪展示。惠济区实验小学获得了"优秀组织奖"和"少先队标志礼仪示范校"的荣誉称号!

此次少先队礼仪展示活动和队日活动在惠济区实验小学的圆满举行,是对惠济区实验小学师生的又一次历练,进一步增强了少先队员的光荣感和组织归属感。

第三章 红领巾的成长足迹

伙伴们,你们都参与过哪些活动呢?

队员们,看我们的活动开展得不错吧?

致敬红领巾

集结在星星火炬旗帜下

2018年9月29日,全国少工委发出通知,为深入贯彻落实习近平总书记"用实际行动把红色基因一代代传下去""从小事做起,从身边做起,努力争做新时代的好队员"的要求和勉励,增强少先队员的光荣感和组织归属感,教育引导队员们听党的话,跟党走,从小学习做人、从小学习立志、从小学习创造,努力成长为担当民族复兴大任的时代新人,全国少工委决定,在建队纪念日期间,各地中小学少先队组织集中开展"争做新时代好队员——集结在星星火炬旗帜下"主题队日活动。

"争做新时代好队员——集结在星星火炬旗帜下"主题队日活动

10月13日是中国少年先锋队建队纪念日。为了庆祝少先队员自己的节日,2018年10月12日上午,共青团郑州市委、郑州市教育局、郑州市少工委在郑州市实验小学举行了郑州市"争做新时代好队员——集结在星星火炬旗帜

第三章 红领巾的成长足迹

下"主题队日活动。

活动现场，气氛热烈，队员们结合自己的所学、所思、所悟讲述着习爷爷平易近人的动人故事。

金水区丰产路小学、二七区陇西小学、管城区站马屯小学的队员们讲述了习爷爷爱读书、善读书的故事，引导队员们多读书、读好书，用"红领巾小书虫"的实际行动去实现中华民族伟大复兴的中国梦。中原区百花艺术小学、互助路小学北校区、金水区优胜路小学丰收校区的队员们则把大家带回四十多年前的陕西省延川县梁家河村，将习爷爷的知青故事娓娓道来。惠济区开元路小学和上街区新建小学的队员们通过讲述习爷爷心中的英雄，鼓励全市少先队员要从自己做起、从身边做起、从小事做起，一点一滴积累，养成好思想、好品德，让"精忠报国"在广大少年儿童心里生根发芽、发扬光大。伊河路小学的队员们讲述的习爷爷扶贫的故事、育才小学的《信仰的力量》都从不同的角度带领我们走近这位少先队员的"大朋友"，学习他的坚毅品格，感受他的伟人风范。

建队纪念日期间，郑州市各级少先队组织以"争做新时代好队员——集结在星星火炬旗帜下"为主题，除了开展"我讲习爷爷的故事"活动外，还通过集中举行"习爷爷的教导记心中"国旗下讲话仪式，开展"说说我们的大

致敬红领巾

管城区站马屯小学的队员们讲述了习爷爷爱读书的故事

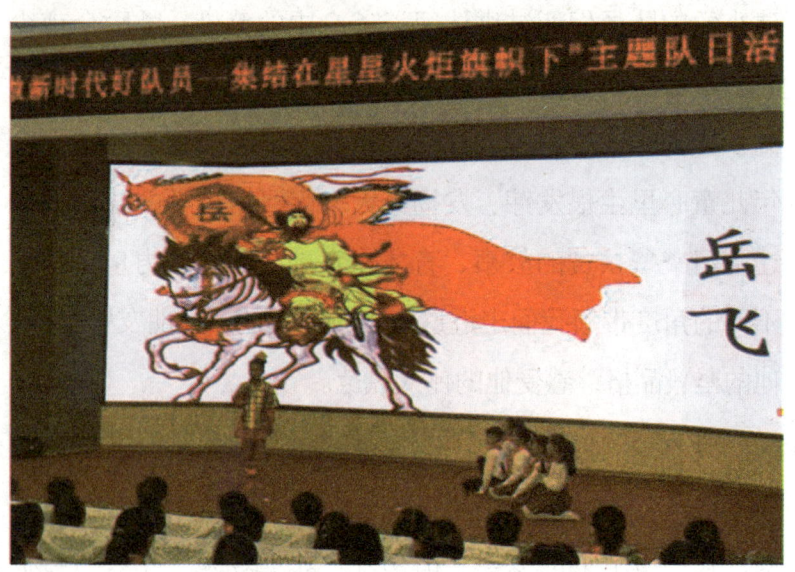
惠济区开元路小学的队员们讲述了岳飞"精忠报国"的故事

第三章 红领巾的成长足迹

英雄"先锋故事会、"我和我们的中国梦"演讲活动、"我是新时代的好队员"分享会、"我们在队旗下合个影"仪式等活动，进一步深入贯彻落实习近平总书记"用实际行动把红色基因一代代传下去""从小事做起，从身边做起，努力争做新时代的好队员"的要求和勉励，不断增强少先队员的光荣感和组织归属感，教育引导队员们听党的话，跟党走，从小学习做人、从小学习立志、从小学习创造，努力成长为担当民族复兴大任的时代新人。

丰富多彩的活动可真令人羡慕啊!

队员们,你们知道为什么要集结在星星火炬旗帜下吗?星星火炬代表什么?

第三章 红领巾的成长足迹

动感中队

什么是动感中队

全国少工委于2017年4月下发了《关于大力发动全国中小学少先队组织积极开展"动感中队"创建活动的通知》。

开展"动感中队"创建活动是为了调动和激发全国中小学少先队基层组织特别是中队集体活力,改革创新少先队教育和活动方式,改革创新少先队教育和小主人意识,创新少先队基层组织建设,激发广大少先队员自信自强、创新创造精神,培养集体主义精神和小主人意识,增强少先队员的光荣感和组织归属感,增强少先队集体的吸引力、凝聚力,服务引领广大少先队员们快乐生活、全面发展、健康成长,展现新时期少先队中队风采和当代少先队员朝气蓬勃、奋发向上的精神面貌。

"动感中队"创建活动里面的"五小"都是什么?
让我来告诉你吧!

致敬红领巾

红领巾小健将

红领巾小百灵

红领巾小书虫

红领巾小创客

红领巾小主人

第三章 红领巾的成长足迹

1. 红领巾小健将

活动要求

发动全体队员根据自己的兴趣爱好选择一项或多项体育活动,根据多数队员意愿组建体育活动小队、红领巾小社团。让队员们自己起名字、定口号、做游戏、搞比赛,自主开展中队、小队集体之间的友谊赛,自主开展红领巾小社团之间的成果展。通过活动,锻炼少先队员体魄,培养坚韧顽强的意志品质,增强团队协作能力。

"红领巾小健将"活动案例

2018年10月22日至27日,郑州市管城回族区南关小学啦啦操社团赴深圳参加2018第七届全国全民健身操舞大赛,该校代表队在全国近400个参赛单位,6200多位参赛选手中脱颖而出,最终荣获小学混合组全国规定套路一等奖、有氧舞

蹈二等奖的好成绩。

赛场上,伴随着动感轻快的音乐,队员们欢快地跳动起来,他们面带微笑,活力四射。以张弛有度的动作、新颖别致的造型、独具一格的编排设计,让全场沸腾了起来,赢得了评委和现场观众的阵阵掌声,同时也展现出队员们积极乐观、健康向上的精神风貌。

据了解,该校从2017年将啦啦操社团确定为学校的"红领巾小健将"特色社团。长期以来,社团的队员们在老师们的辅导下,利

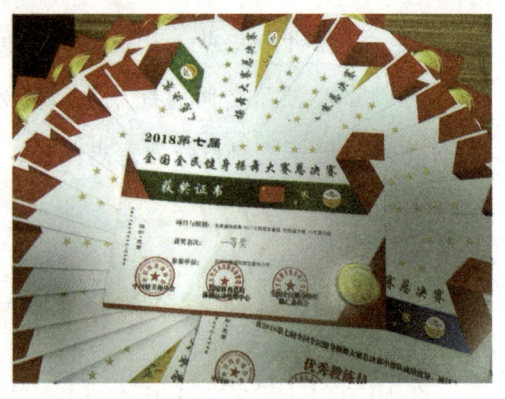

用下午放学后的时间进行训练,不辞劳苦、风雨无阻,在动作、队形、表现力等方面都力求做到完美。从训练到比赛,他们从未喊过一声苦,叫过一声累。

该校校长王慧表示:"你若盛开,芬芳自来。这份来之不易的荣誉凝聚着老师和每一位队员的汗水,凝聚着学校领导的大力支持和每位家长的鼎力相助,同时也展示了学校'红领巾小健将'社团的蓬勃发展和孩子们健康向上的风采及活力。"

2. 红领巾小百灵

活动要求

发动全体队员学好歌、唱好歌，向自己的老师、爸爸妈妈和长辈学唱红色歌曲，传唱儿童歌曲，吟唱传统歌曲，鼓励自主创编新歌，从中汲取营养、获得熏陶，歌唱美好生活，歌唱快乐童年。鼓励以中队、小队和红领巾小社团等方式，在集体里自主学歌、练歌、唱歌、写歌，在课堂内外、校园内外交流展示自己的成果和收获，唱响红领巾之歌。

"红领巾小百灵"活动案例

为庆祝中华人民共和国成立70周年，纪念少先队建队70周年，引导广大少先队员听党的话，跟党走，增强少先队员的光荣感，2019年9月27日上午，郑州市管城回族区腾飞路七里河小学举行"唱响新时代 红歌颂祖国"红歌比赛活动。

致敬红领巾

该活动由校党支部和少先队共同组织，学校党员老师、辅导员老师和少先队员共同参与。一年级小朋友用稚嫩的童声高唱《我爱你中国》，二年级的《祖国祖国我们爱你》、三年级的《学习雷锋好榜样》、四年级的《闪闪红星》、五年级的《国家》、六年级的《我的中国心》，队员们用一首首红歌向祖国母亲表达自己最真挚的感情。党员老师们也用一首《我和我的祖国》表达了他们对祖国的爱。他们不仅在舞台上展示红歌，还在课下录制了很多祝贺祖国母亲70华诞的视频，以这种形式为祖国送上了别样的祝福。

整个上午，学校的报告厅里成了歌声的海洋，无论是老师还是学生都在尽情地歌唱、尽情地抒发、尽情地表达。该校大队辅导员李婷说："70年风雨飘摇，70年同舟共济，我们的祖国越来越强大，越来越繁荣昌盛，作为祖国母亲的孩子，我们用最质朴的方式——歌唱来表达我们对祖国的爱，对祖国的祝福！"

第三章 红领巾的成长足迹

3. 红领巾小书虫

活动要求

发动全体队员多读书、读好书，多读红色经典、革命文化和中华优秀传统文化图书，多读历史故事和英雄人物故事，多读优秀的文学艺术、自然科学等方面的图书，从中认识党的历史、国家和民族的历史，培养对党和社会主义祖国的朴素感情，培养良好的阅读习惯，开阔视野，增长知识，提高素质。鼓励中队集体自主创造性开展故事汇、图书推荐、阅读分享、经典诵读、情景表演、好书漂流等多种形式的读书活动。

"红领巾小书虫"活动案例

为了提高少先队员诵读中华诗词的兴趣，弘扬优秀传统文化，营造书香校园，2018年4月28日上午，由郑州市管城区教体局主办，管城回族区南关小学承办的"红领巾小书虫——管城区教体局第五届读书节暨新教育成果展"在南关小学盛大开幕。

活动以"吟、诵、唱、画"为主线展开。《纷纶括群典，倜傥袭六艺》的表演拉开了诗歌盛宴的序幕；铿锵有力的诗朗诵《铭记九一八》让我们了解历史，珍爱和平；诗书

画朗诵《春江花月夜》将人们带入诗情画意的世界，在场的每个人都仿佛置身于悠悠月夜，欣赏着花落花开；童诗新唱《最美的光》让人重回幸福的童年时光；沙画表演《天净沙·秋思》以美妙神奇的变化，带领我们穿越古今，邂逅伟大的诗人与美妙的诗句；诗歌情景剧《丰碑》让我们一起走近长征，感受红军战士的英雄豪情；合唱《赋得古原草送别》《少年中国梦》传承经典，展望未来；戏曲社团的孩子们带来的《戏曲里边有乾坤》，让我们感受到中国戏曲文化的博大精深。精彩的演绎将会场的气氛一次次推向高潮，让现场观众感受到了经典诗文的无穷魅力，享受了一场精彩的文化盛宴。

在此次读书节中，每位孩子都插上了想象的翅膀，可以创作自己的诗歌，创编自己的诗集。在老师的指导下，他们俨然是一个个"小李白""小杜甫""小东坡居士"。学校还根据孩子们的原创诗歌，评选出了原创小诗人，区关工委和区教体局的领导为他们颁奖。孩子们激动地接过奖状，喜悦之情溢于言表。

开幕式过后，大家参观了新教育成果展。队员们大胆创作，别出心裁，用灵活多样的形式展现了对诗歌的热爱。学校将诗歌与生活课堂相结合，制作了丰富多样的手工制品。豆子粘贴画、轻质黏土、版画、激光雕刻、手工编织

第三章 红领巾的成长足迹

诗朗诵《铭记九一八》

诗歌情景剧《丰碑》

合唱《赋得古原草送别》

画、拼布等手工作品琳琅满目。"舌尖上的诗"——烹饪课程更是让在场嘉宾惊喜连连,得到了各位领导和老师们的肯定和赞扬。

此次读书节让少先队员们在诵读中领略了经典诗文的魅力,激发了他们热爱优秀传统文化的情感,让浓郁的书香充盈校园的每一个角落。此次读书节虽然落下了帷幕,但孩子们将继续与诗歌为友,与诗歌同行。

4. 红领巾小创客

> **活动要求**
>
> 发动全体队员培育和树立自信心，使他们认识到人人可以创造、处处可以创造，培养他们崇尚科学、实事求是的态度和精神。根据不同年龄段少先队员的特点，大力开展创意儿童画、小发现、小制作、小设计、小课题、小观察等创新创意创造比赛和成果展示活动。鼓励少先队员在家长和老师的指导下，在自己生活和学习的方方面面，根据学到的知识和技能，开动脑筋、积极探索，打开通向科学和未来的大门，培养创新精神和实践能力。

"红领巾小创客"活动案例

2017年11月30日，寒风料峭，郑州市管城回族区南关小学却暖意融融。伴着十九大的东风，该校以"玩转梦想 玩出未来"为主题的首届创客文化节如期举行。

该校校长在创客文化节开幕式欢迎辞中回顾了学校"红领巾小创客"的发展及取得的成绩。随后，管城区科技局和教体局领导共同为管城区科普创新实验基地揭牌，并为该校捐赠了科普图书。

致敬红领巾

　　创客文化节开幕式上，神奇的沙子在老师灵巧的指尖下飞舞，一幅幅异彩纷呈的图画不断呈现在孩子们的眼前，"哇！那是我们的校园"，"那是树屋"，"还有我们的校标"，孩子们的惊叹声此起彼伏。时装表演《炫酷精灵》让手工插上想象的翅膀，生活中的废品、学校的皂荚等变成华丽的时装。相声《比才艺》让孩子们充分展现了自己的才艺魅力。舞蹈《Display》和啦啦操《狂奔的蜗牛》让人看到南关小学的孩子们充满了活力。科学实验《奇思妙想》和《无人机表演》让现场的孩子们惊叫连连，把创客节开幕式表演推向了高潮。

队员们热情高涨

第三章 红领巾的成长足迹

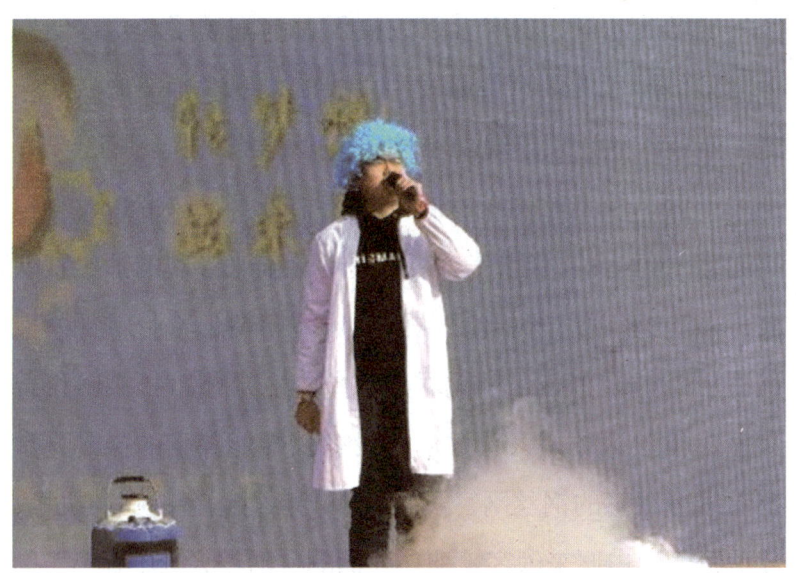

科学实验《奇思妙想》

街舞变脸

　　现场展示中，各个社团的展示台前围满了观众，他们为同学们展示的创意作品发出由衷的赞叹。精美的激光雕刻和航模作品让现场观众难辨真假；数字油画、手工穿珠、图章版画、手工丝网花、彩泥陶艺、魔术气球带给大家独特的艺术享受；"梦想美食汇"展台让前来参观的师生食欲大开、一饱口福；树叶粘贴画、乐高模型、轮胎水管模拟造型更是体现了孩子们无尽的想象力。郑州市科技馆科普大篷车体验区更是人头攒动，没有弦却能弹响的竖琴、具有丝绒般触感的钢丝网、没有电却能自行运行的唱片机等，让孩子们明白原来创客精神在我们的生活中无处不在。

　　此次创客文化节让创客的种子在每一个孩子的心中生根发芽，丰富了他们的视野，激发了他们创新的思维，为他们的梦想插上了腾飞的翅膀。

5. 红领巾小主人

> **活动要求**
>
> 动员中队委员会根据集体建设需要和队员具体需求，在中队里设立多种多样的、集体需要和队员喜欢的中队服务岗位，自主上岗、定期轮岗、相互评岗，在互相帮助中共同健康成长。倾听每一名队员的心声，关心每一名队员的成长，发挥每一名队员的作用，培养和增强队员的小主人意识和服务精神。

"红领巾小主人"活动案例

硕果累累的十月，队旗飞扬，红领巾飘动。2020年10月26日下午，管城回族区春晓小学以"从小学先锋 长大做先锋"为主题，举行了中国少年先锋队春晓小学第二次代表大会。

该校校长贾慧娟在此次少代会开幕式上致辞，她首先向大会的召开表示热烈的祝贺，对少先队工作进行了肯定，同时对少先队员表达了殷切希望。德育主任范誉今作少先队工作报告，他回顾了上学期少先队的工作情况并公布了下学期的工作计划，并期望少先队员争当热爱组织，勤奋好学、健康强壮、自信乐观、自主创新的好少年。

就职演说、才艺展示、大队委新旧交接仪式……小小红领巾,大大中国梦,少先队员们用他们的歌舞《少年中国梦》表达了他们的心声。

此次大会还成立了新一届学校少工委,家长委员和学生委员分别发表感言,表明今后一定全力配合学校少先队工作。相信少工委的成立将促使今后学校少先队的工作更规范、更有方向、更有特色!

此次活动中最值得一提的是,春晓小学的全体少先队员充分发挥了主人翁意识,对学校发展的方方面面建言献策。学校大队部认真讨论和研究收到的665份"红领巾小提案",由学校少工委主任贾慧娟在此次少代会上进行细致

少先队节目展演

第三章 红领巾的成长足迹

而又详尽的答复,比如建立"失物招领处"、丰富少先队活动形式、增加社会实践机会等。队员们以短视频、文字等形式表达了心愿和呼声,在提交提案的同时,也提出了很多有效的建议和对策,不断地展示春晓小学少先队员朝气蓬勃的精神风貌。

《礼记·大学》中说"修身,齐家,治国,平天下",此次少代会在全体代表的共同努力下,充分体现了"红领巾小主人"的意识,取得了圆满成功。这是该校少先队工作中的一件大事,也是该校少先队事业继往开来,谱写新篇章的一次盛会。相信春晓小学的少先队员们会用自己的视野、思考和小小责任心为国家发展和民族振兴贡献自己的力量!

红领巾奖章

作为一名光荣的少先队员,应当从小学先锋,长大做先锋,争取获得"红领巾奖章"。红领巾奖章分为基础章、特色章和星级章,我们一起来认识一下基础章和特色章吧。

基础章

火炬章

红旗章

红星章

特色章

家乡文化章

爱劳动章

文明章

第三章 红领巾的成长足迹

亲爱的队员们,其实特色章还有很多,让我们在实践中努力争取获得更多奖章吧!

活动一:队前教育认真做,闯关获章我来夺

踏着春天的旋律,迎接生机盎然的四月,一年级的小朋友们队前教育活动之"队旗我来画""队礼我来敬""队歌我来唱""好事我来做"活动开始啦!

一年级各班班主任向同学们讲解了队旗的含义后,同学们自己制作手抄报,把中队旗画得标准又不失童趣,并工工整整地写出中队的全称。通过动手绘画,同学们了解到少先队的队旗是少先队组织的标志之一,图案由五角星和火炬组成。红色旗帜象征革命胜利,队旗中央的五角星代表中国共产党的领导,火炬象征光明。同学们用绘画这一生动有趣的方式表达了对少先队的向往,也加深了对队旗的认识。

致敬红领巾

　　同学们通过观看正确敬队礼的教学视频,自行学习敬礼姿势;之后,各班班主任针对学生出现的问题召开班级会议,纠正学生的敬队礼姿势,使学生能够掌握正确的姿势要领。经过班主任的指导和自己的练习,同学们的敬礼姿势越来越标准了!

看我的姿势标准吗　　我的敬队礼姿势标准吧

　　一年级小朋友们通过观看高年级榜样少先队员代表示范的队歌视频,结合音乐软件多听多练,一遍、两遍、三遍……不停地学习与练唱。通过学习队歌,同学们从歌词中感受到了革命先辈不怕困难,不怕敌人,顽强学习,坚决斗争的精神,从小树立热爱祖国,热爱人民,热爱中国共产党的朴素情感。

　　除此之外,一年级各班有序开展"好事我来做"系列活动,通过照片、视频的形式进行评比。同学们用自己小小的双手和大大的责任感为家人、社会做着一件件力所能及的事。

尝试包饺子

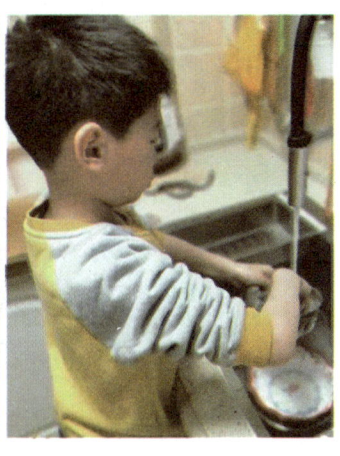
我是洗碗小能手

一年级的小朋友们,通过积极参加少先队队前教育活动,加深了对少先队知识的理解和掌握;通过完成一件件好事,种下"好事我来做"的良好习惯,同时也展示了少年乐观、积极向上的精神风貌。希望同学们在星星火炬旗帜下,树立远大理想,从小听党话,跟党走,努力成长为社会主义事业的合格建设者和可靠接班人!

班主任通过对每个孩子在队前教育中的各项表现,给出星级评价,孩子们根据自己获得的星星数量,争得红领巾奖章基础章——火炬章。

活动二：我为国庆献礼

2020年是中华人民共和国成立71周年，为厚植爱国主义情怀，"我为国庆献礼"红色教育实践活动暨"红旗章"争章活动开始啦！

56个民族是一家

"56个民族56枝花，56个兄弟姐妹是一家。"师生搜集并打印56个民族人物身着节日盛装的图片，并进行裁剪，亲手将图片粘贴在中国地图上。在了解各个民族的风土人情的过程中，用孩子们喜欢的形式，让他们知道56个民族亲如一家，同发展，共繁荣。

印个爱心送祖国

一双双沾有彩色颜料的小手，一起印出心形图案，寓意少年儿童和祖国心连心。望着展板上一个个色彩鲜

艳的小手印，瞧着一张张灿烂绽放的笑脸，相信一粒粒爱国主义的种子正在一颗颗幼小的童心萌发……

71颗星星迎国庆

学生、教师、家长代表一起用金黄色的卡纸剪出71颗五角星，亲手粘贴在建国"71"周年的立牌上，正好组成一个"71"的造型图，祝福伟大的祖国71周年生日快乐，也用这一特别的形式祝福祖国繁荣昌盛。

"红旗章"颁章仪式

秋风微凉，爱国情浓，唱红歌，印手印，剪五星等一系列的献礼活动，让孩子们初步了解了我们伟

大的祖国，点燃了爱国热情。希望通过"我为国庆献礼"红色教育实践活动暨"红旗章"颁章仪式，让飘香的丹桂和浓浓的爱国之情一起植入孩子们的心里，让这份特别的礼物温暖成长的岁月……

红领巾践行社会主义核心价值观

亲爱的队员,你知道社会主义核心价值观指的是什么吗?请你写一写!

爱国：别样的升旗仪式，特殊的祖国祝福

为庆祝中华人民共和国成立70周年，深化爱国主义教育，引领全体队员以实际行动向祖国70岁生日献礼，2019年9月30日上午，郑州市开元路小学举行了"习爷爷的教导记心中"主题升旗仪式。

7：50，伴随着出旗乐曲的响起，升旗仪式正式开始。国旗班的队员们身着礼服，踩着鼓点，迎着朝阳，迈着铿锵的步伐向国旗台走来，全场一片肃静。激昂的《义勇军进行曲》响起时，升旗手振臂一挥，鲜艳的五星红旗冉冉升起，在初升阳光的映照下，在全体师生的注目下，飘扬在校园上空。

接着，三一中队队员何曼琪、郭林珂两位队员以"习

爷爷的教导记心中"为主题进行演讲，告诉队员们现在正是好好学习、夯实基础的时候，大家要从上课遵守课堂纪律，课下认真完成作业，尊敬师长，团结同学等常规做起，扣好人生的第一粒扣子。

活动之余，校长告诉队员们要从小事做起，从自己做起，做好力所能及的每一件小事，学好每一科文化知识，为明天打好基础。他还引用《我和我的祖国》中的歌词再次告诉队员们，我们与祖国一刻也不能分割，我们要爱自己的祖国！

通过此次"习爷爷的教导记心中"升旗活动，队员们纷纷表示要系好人生的第一粒扣子，做今天的好少年，明天的建设者。带着满满的仪式感的升旗仪式使爱国主义教育落到了实处。

第三章 红领巾的成长足迹

红领巾传承红色基因

活动：高举队旗跟党走，争做新时代好队员

2020年7月6日上午，郑州市开元路小学党支部带领全体党员和少先队员代表共20余人走进郑州市圆方集团党建学院进行参观学习。

"伟大出自平凡，英雄来自人民"，字里行间流露出对广大劳动者的赞美与殷切的关怀。在讲解员的带领下，全

体师生又重温了一遍习近平总书记给圆方集团全体职工的回信,这封回信让大家激动无比,同时也深受鼓舞。

随后大家先后参观了圆方集团初心厅、远方之路、红色文化馆、"战新冠,抗疫情"展教馆等,各展馆主题突出、特色鲜明,尤其是"战新冠,抗疫情"展教馆通过视频、展板、抗"疫"实物模型等形式,全面地展示了国家、省、市各层面为打赢疫情防控阻击战所做的工作和圆方集团员工在党委的组织下驰援抗疫一线主战场的生动画面。

此外,队员们还聆听了圆方集团党委书记、总裁薛荣的讲座。薛书记的演讲接地气、有正气、冒热气,生动地感染了在场的每一个人,大家都流下了感动的泪水。讲座

结束后,队员们纷纷围坐在薛书记的身旁,薛书记也为队员们留下了寄语,队员们都露出了灿烂的笑容。

最后,开元路小学党支部组织召开学习座谈会,重温了入党誓词。辅导员们和队员们都积极发言,畅谈自己的学习心得和感悟。队员们表示,作为新时代的接班人要弘扬劳模精神,争做时代先锋。辅导员们也更加深刻地认识到自身的责任和使命,更加坚定了为党的事业奋斗终身的信念和决心,纷纷表示会以"只争朝夕,不负韶华"的干劲全身心投入到工作中,在自己平凡的岗位上书写闪亮的人生。

红领巾手拉手

作为一名光荣的少先队员,我们的朋友遍布五湖四海!让我们一起手拉手,把温暖和阳光带给更多的人!

活动一:红色旗帜,代代相传

2017年6月1日,开元路小学隆重举行"红色旗帜,代代相传"新队员入队仪式。

首先,主持人发出指令:"稍息,各中队整队,报告人数。"各小队、中队有秩序地报告人数。在整个报告过程中,队员们训练有素。

接着,队员们进行升国旗、唱国歌、出队旗、唱队歌仪式,以严肃认真的面貌感受少先队礼仪的重要性;接着,进行传递党旗、国旗、团旗、队旗仪式。

大队辅导员告诉队员们要牢记习爷爷的教导,争当新时代的好队员,让星星火炬永放光芒。四名少先队员代表接过四面红色旗帜,全体少先队队员发出"红色旗帜,代代相传"的口号,响彻云霄。接着,四面旗帜从队员上方传递,队员们充分感受到了红色教育的浸润。

在这值得纪念的日子里,开元路小学全体师生举行了这样庄严而隆重的新队员入队仪式。红色仪式感教育,提

致敬红领巾

升了少先队员的光荣感和组织归属感,让他们以身为少先队员为荣,以胸前的红领巾为荣!树立先进,学习榜样,拥抱新时代,争做好队员!

无论时代如何变化,红色基因永不褪色。通过入队仪式,让红色基因一代代传下去,激励队员们为实现中华民族伟大复兴的中国梦不懈奋斗!

活动二:我与桃李共成长

红领巾手拉手

造型别致的拱门、美丽的鲜花、鲜艳的红毯、欢快的音乐把校园装点一新,一年级新生牵着大哥哥、大姐姐的

第三章 红领巾的成长足迹

手，迎着秋日明媚的阳光，一起踏上红地毯，幸福地步入校园，开启新学期的梦想之旅。

听立人之声

4位优秀的少先队员代表拉起第一排学弟学妹的小手，穿过校门口"我上小学啦"拱门进入校园，来到立人石前，倾听立人之声。大手有爱，小手有礼，大手拉小手，一起朝前走。"立人教育"是郑州师范学院第二附属小学的办学理念。沐浴着立人教育的阳光，郑州师范学院第二附属小学培养出一代又一代的优秀毕业生。

送三好手册

校长寇爽为孩子们准备了一份特别的入学礼物——三

致敬红领巾

好手册。行为习惯养成和学科学习评价用争章的形式来呈现,并用趣味十足的标识激发学生的学习兴趣。三好  章、悦读章、悦数章、爱乐章等,光听名字就令人十分喜欢。这本手册,写满了学校对孩子们的美好期待;这本手册,凝聚着老师们的智慧;这本手册,也将是学子们小学学习的航标,指引他们成长为具有好思想、好品行、好习惯的三好少年!孩子们拿到包装精美的三好手册后,稚嫩的小脸上满是掩饰不住的兴奋和自豪,他们对即将开始的小学生活充满了期待!

育缤纷桃李

孩子们怀揣着对未来的憧憬和期盼,来到了桃李园。寇爽校长与学生代表以及家长代表共同种下一棵桃树和一棵李树。十年树木,百年树人;桃李不言,下自成蹊。今日种下桃李树,未来桃李满天下。孩子们郑重其事地为小树填土、浇水,一锹锹土,一瓢瓢水,种下的不仅仅是树,也是为自己种下梦想的种子。这一届新生不仅为美丽的校园增加了一份美好,也给未来种下美好的希望和祝福!祝愿一年级的小朋友们和桃李树共同成长,沐浴立人教育的阳光,拥有自信从容有尊严的未来!

红领巾学雷锋

雷锋（1940年12月18日—1962年8月15日），原名雷正兴，出生于湖南长沙，中国人民解放军战士，共产主义战士。

雷锋于1954年加入中国少年先锋队，1960年参加中国人民解放军，同年11月加入中国共产党。1962年8月15日，雷锋因公殉职，年仅22岁。

雷锋精神是为共产主义而奋斗的无私奉献的精神，是忠于党和人民、舍己为公、大公无私的奉献精神，是立足本职、在平凡的工作中创造出不平凡业绩的"螺丝钉精神"，是苦干实干、不计报酬、争作贡献的艰苦奋斗精神，归根结底就是全心全意为人民服务的精神。作为一名新时代的少先队员，我们要从小学先锋，长大做先锋，学习雷锋精神，弘扬雷锋精神。

活动：从小学先锋，长大做先锋

为进一步弘扬雷锋精神，树立时代新风，着力营造学习雷锋和志愿服务的浓厚氛围，2019年3月5日，郑州市惠济区开元路小学开展了"从小学先锋，长大做先锋"系列志愿服务活动。

迎着明媚的阳光，开元路小学的志愿者在大队辅导员杨亚荣老师的带领下参与到木马嘉苑社区的志愿服务中，积极践行雷锋精神。小志愿者们分工明确，很快就投入到服务社区的活动中：随手捡起地上的垃圾，放进随身携带的布袋里；一点一点地清理贴在瓷片上、电线杆上的小广告；用抹布认真擦拭着展牌、健身器材、供人休息的桌椅。在活动结束之际，小志愿者们用一首歌曲来结束今天的活动。小志愿者们用自己的实际行动弘扬了雷锋精神，感染了周围的人，得到了大家的一致称赞。

此次活动，小志愿者们以平凡而朴实的行动，传承和发扬了雷锋精神，并赋予了雷锋精神新的时代意义，为社区带来了实实在在的温暖，为社会增添了正能量。

红领巾弘扬传统文化

活动：传统文化进校园

中华传统文化范围广泛，文字、语言、书法、音乐、武术、曲艺、棋类、节日、民俗等都属于传统文化的范畴。具体地讲，中华传统文化以古诗文、民族音乐、民族戏剧、曲艺、国画、书法等为载体。因此，我们要了解中国传统节日、民俗，学好汉语，写好汉字，尽可能地了解、学习中国古典音乐、古诗文、戏剧、国画、书法等，争当中华

第三章 红领巾的成长足迹

传统文化小小传承家。

为深化"美育云端课堂"活动，推进文化志愿者深入乡村学校少年宫开展志愿服务，将课堂教学与实践相结合，由郑州市委宣传部主办，郑州市志愿服务联合会、郑州市文化馆、惠济区文明办承办的"郑州市文化志愿者走进乡村学校少年宫"志愿服务活动在惠济区开元路小学开展，为孩子们带来了一场特殊的"公开课"。

活动分为室内和室外两个部分。在报告厅里，郑州市优秀文化志愿者为大家带来了京剧、豫剧、曲剧选段，让孩子们对我国的戏曲文化有了更多的了解。除了对戏曲文

化知识的普及外，志愿者们还为孩子们带来了红色歌曲知识普及、舞蹈知识普及等节目。通过志愿者的讲解和演出，广大青少年加深了对艺术的理解和热爱。

报告厅外，画糖人、布老虎、书法、香囊、面塑等"非遗"传承教学课堂活动在校园里展开，60多名孩子围着项目展演摊位，专心听这些传统技艺背后的故事，并在志愿者的带领下动手制作、书写，感受着非物质文化遗产的魅力。

第三章 红领巾的成长足迹

红领巾夏（冬）令营

队员们，你们知道红领巾夏（冬）令营有哪些有趣的故事吗？我们一起去看一看吧！

活动：蜕变之旅，初绽锋芒

用真诚的微笑迎接美好的时光，郑州师范学院第二附

属小学冬令营活动开始啦!经过近三天的团队建设,教官和学生之间、学生和学生之间越来越有默契,各项活动也取得了惊人的成效。

2019年10月15日上午,队员们进行了木工桥梁的活动。孩子们一开始面对一堆木条无从下手,一筹莫展,后来通过教官的指导,小组成员相互配合,经历过几次失败之后,终于成功搭建出合格的桥梁。真诚的笑容在孩子们脸上绽放,他们为自己的成功而喜悦,也为伙伴们的完美配合而喜悦。

经过中午短暂的休息之后,孩子们开启了新的课

第三章 红领巾的成长足迹

程——攻防箭。穿好装备，做好准备，孩子们一个个成了最酷的小小射箭手。经过教官的细心讲解和指导，孩子们都跃跃欲试，想要一展身手。室外的活动丰富多彩，室内的活动开展得也是热闹非凡。孩子们在教官的带领下，学习了手语舞《国家》。这支手语舞不仅考验了孩子们的配合能力，还让孩子们对国和家有了更深层次的了解。

除此之外，孩子们还学会了如何正确地给垃圾分类。正确投放垃圾、小组分工制作垃圾分类手抄报等活动，让孩子们既增长了知识，又学会了保护环境。

红领巾冬令营期间虽有秋雨偶至，气温下降，但是仍然无法阻挡孩子们高涨的实践热忱。孩子们穿上迷彩服，英姿飒爽，展小小少年朝气蓬勃之风貌，用一张张坚定的笑脸迎接接下来的每一天！

 致敬红领巾

红领巾宅家"战"疫

2020年人们度过了一个不同寻常的春节,新型冠状病毒感染的肺炎疫情牵动着全国人民的心。全世界人民面临着一场没有硝烟的病毒战争。

来自全国各地的教育工作者、少先队员心系祖国,力挺武汉,在保护好自己的同时,还用智慧创造出了形式多样的作品,以实际行动发动家人及更多的人一起对抗病毒、攻坚克难。

活动一:非常战"疫"见证"非凡"成长

在新型冠状病毒肆虐中华大地时,以习近平同志为核心的党中央对疫情防控工作高度重视,发出了打赢疫情防控阻击战的战斗号召。开元路小学大队部抓住思政教育契机,通过网络直播的形式,开展"人民的利益高于一切"战疫专题少先队活动。此次活动号召全体队员通过敬标准队礼,系标准红领巾的形式,学先锋,做先锋,向奋战在一线的先锋致敬!向人民致敬!向祖国致敬!

第三章 红领巾的成长足迹

致敬红领巾

在队课进行的整个过程中，队员们积极参与，情绪激昂。他们有的紧握着拳头，像是随时准备出征的战士，有的眼里满含泪花，诉说着对祖国对一线人员的祝福。队员们通过这次活动，认识了钟南山爷爷、李兰娟奶奶，以及奋战在抗疫一线的各界人士，同时也更加敬佩医护人员——是他们在危难时刻，扛起了一个民族的安危，他们以血肉之躯，选择逆向前行！

最后宣誓时，队员们高喊着："时刻准备着！"眼神充满了前所未有的坚定。那一刻，孩子们明白：学习知识是一种责任和担当。当祖国有难，需要你时，不能只凭一腔孤勇，而是要靠知识战胜困难。每一位家长也都深有感触，纷纷在家长群里发表自己的感想：疫情面前，更应该以正确的方式引导孩子，陪伴孩子，培养他们敬畏生命、热爱祖国的朴素情感，让祖国的花朵即使在灾难面前也能茁壮成长。

活动二：致敬英雄，宅家战"疫"

2020年初的这场始料未及的疫情，让我们体验了一种"全新"的生活：全民抗"疫"，不外出，戴口罩，勤洗手。亲爱的同学们，作为一名未来社会主义事业的建设者和接班人，深处战"疫"之中，我们要怎样更好地面对生活，

第三章 红领巾的成长足迹

抗击疫情？是的，唯一的答案就是"不断学习"！我们学习哪些方面呢？

学习致敬英雄，争做先锋

每个时代都有不同的英雄。此时此刻，为打赢疫情防控阻击战，迎难而上的各个战线的工作人员就是伟大的英雄。他们是最美的逆行者，值得我们学习与尊敬：84岁高龄的钟南山院士，临危受命，马不停蹄地奔赴武汉；除夕之夜，陆海空三军军医大学医疗队紧急出征，驰援武汉；无数医护人员主动请缨，告别亲人，来到疫情一线救死扶伤……而在我们身边，也有许多人为打赢疫情阻击战付出

致敬红领巾

了艰辛的努力,包括警察、保安、老师、居委会的叔叔阿姨等。

在中国少年先锋队建队70周年之际,习爷爷寄语全体少先队员,希望大家"从小学先锋,长大做先锋"。而这一批又一批的最美逆行者,不正是我们身边的先锋模范吗?让我们向战斗在阻击疫情一线的英雄们致敬!向为此次阻击疫情无怨无悔加班加点的人们致敬!

学习敬畏自然,爱护生命

在物质生活水平大大提高的今天,我们的餐桌上,少不了鸡鸭鱼肉等食品,这已经是大自然给人类的馈赠。我们应当而且必须肩负起更大的责任,敬畏自然,拒绝野味,尊重生命。除此之外,当疫情来袭,除了做好戴口罩、勤洗手等常规防护措施,我们更要充分利用室内空间强健体魄,提高自身免疫力。我们还要每天认真向老师上报个人信息,千万别小看这个信息,它可是我们掌握疫情、控制病情传播的重要依据。同时,我们要做到不串门,不聚集,尽量不外出,照顾好自己,提醒并照顾好家人,非常时期,要保持身心健康。

第三章 红领巾的成长足迹

学习知恩感恩，向善向上

在疫情牵动社会人心的关键时刻，习近平总书记就疫情防控作出重要指示；李克强总理亲临武汉，考察指导疫情防控工作……短短几天，火神山、雷神山等项目进展飞速，我们不能忘记，这背后为之付出努力的成千上万的劳动者。而我们的身边，我们可爱的老师，一遍又一遍地发送着温馨提示，时刻关注着我们的身心状况，坚持每

天收集每个小朋友的健康信息。让我们感恩家人，感恩身边每一位默默奉献的人，感恩时刻把我们装在心里的老师们。

学习自律自觉，提升自我

在这场无声的战"疫"中，作为祖国的花朵的未成年人和不能上抗"疫"一线贡献力量的大多数人，保护好自

致敬红领巾

己就是给予这场疫情最大的援助。少年队员们，希望你们每个人在家里都能做到自律自觉，制订每日作息时间表，多读书，勤练字，常运动，做一名让家长放心的新时代少年。

1.每日阅读，丰富精神世界。当我们在现实中不能外出感知世界时，请你拿起书，在书的世界里畅游。

2.诵读经典，汲取贤哲智慧。中央电视台的《中国诗词大会》《经典咏流传》等节目迎来新一季回归，请你和家人一起观看。

3.自觉学习，增长知识本领。每天坚持收看新闻，知晓关于抗击新型冠状病毒疫情的最新情况。

4.勤于运动，增强身体素质。宅在家，大家可以开展适宜的室内运动，如跳绳、坐位体前屈、踢毽子、平板支撑等，养成每天运动的好习惯，增强抵抗力。记住一定要远离手机游戏，按时作息！

亲爱的同学们，疫情当前，唯有不断学习——学习知识，学习能力，学习品德，才能应对生活中发生的困难和挑战！队员们，乌云遮不住升起的太阳，疫情挡不住春天的来临，让我们坚定必胜的信念，万众一心，众志成城，夺取抗击疫情斗争的最终胜利！